भारतीय
ज्ञानपीठ

बिल्कुल तुम्हारी तरह

(प्रेम कविताएँ)

बिल्कुल तुम्हारी तरह

जितेन्द्र श्रीवास्तव

भारतीय ज्ञानपीठ

लोकोदय ग्रन्थमाला : ग्रन्थांक 1085

ग्रन्थमाला सम्पादक

रवीन्द्र कालिया

सह-सम्पादक

गुलाबचन्द्र जैन

ISBN 978-81-263-3044-7

बिल्कुल तुम्हारी तरह

(कविता-संग्रह)

जितेन्द्र श्रीवास्तव

प्रथम संस्करण : 2011

मूल्य : 100 रुपये

प्रकाशक : **भारतीय ज्ञानपीठ**

18, इन्स्टीट्यूशनल एरिया, लोदी रोड, नयी दिल्ली-110 003

मुद्रक : विकास कम्प्यूटर ऐंड प्रिंटर्स, दिल्ली-110032

आवरण : राधेश्याम अग्रवाल

आवरण-सज्जा : ज्ञानपीठ कला प्रभाग

BILKUL TUMHARI TARAH
(Hindi Poetry)
by Jitendra Srivastav

Published by
Bharatiya Jnanpith
18, Institutional Area, Lodi Road
New Delhi-110 003
e-mail : jnanpith@satyam.net.in, sales@jnanpith.net
website : www.jnanpith.net

First Edition : 2011
Price : Rs. 100

हम दोनों अब
सैंतीस के होनेवाले हैं
एक-दूसरे को जानते-समझते-बूझते
बीत गये बीस बरस

बीस बरस बाद
अब लगता है जैसे
हम जानते हैं एक-दूसरे को
जन्म से ही...

श्यामली के लिए

अनुक्रम

कि तुम जाती हो

सरकती है सिरहाने से धूप
कि तुम जाती हो

ये राह सिहरी-सी खड़ी
देखती है तुम्हें
कि तुम जाती हो

यह पल अकेला है
बहुत अकेला
कि उतार दिया है तुमने पुतलियों से उसे

यह साँझ जो आने को है अभी
ठिठकी खड़ी है पीपल की पत्तियों के बीच देखती-सी
कि तुम जाती हो

ये आ रही आवाज विकल-सी किसी मोर की
उठ रही बीच जंगल से
या मेरे ही भीतर से कहीं
कि तुम जाती हो

पलट कर देखती तो देख पाती
जिसको सँभाला तुमने जतन से

हिल रहा वही मन–पात ऐसे
जैसे डोलता है शिशु कोई धरती पर कदम धरते

देखो तो सही
देखो न
ओ प्राण मेरी
कि रात आती है
कि तुम जाती हो!

यह ललछौंह संजीवनी हँसी

रुको तो सही
क्षण भर अभी
महसूस तो लूँ ज़रा
अनार के फूलों-सी
यह ललछौंह संजीवनी हँसी

कि तुमको मालूम नहीं शायद
कि मैं बचा हूँ जितना भी अभी तक
इसी हँसी की कोर में ठहरा हुआ-सा
कि पत्ता हो कोई ज्यों कहीं अँटका हुआ-सा
कि अब गिरा कि तब गिरा
कि गिरना चाहता नहीं मैं
तुम्हारे अधर से

रुको तो सही
ओ प्राण मेरी!
कि छू लूँ ज़रा
अपनी ही धड़कन को।

विदा

बस की प्रतीक्षा में खड़ा
छोड़ रहा हूँ वह शहर
जो मेरी साँसों में तुम्हारी तरह रहा है

जब तुम नहीं
फिर शहर कहाँ!

कौन पहचानेगा मुझे तुम्हारी नजर लेकर

इतने वर्ष शहर में नहीं
तुम्हारी आँख में रहा हूँ मैं

जब तुम नहीं
फिर मैं कहाँ!

चुटकी भर मैं

बहुत आसान है
एक दिन चुपचाप उठकर
तुम मेरे होने से बहुत दूर चली जाओ

सम्भव है
जाने से पहले
मेरे प्यार को दुलराओ

यह भी सम्भव है
कि चौखट से तुम्हारे पाँव टकरा जाएँ
और गिर पड़े स्मृतियों की गठरी

चौखट के सिरहाने छिटकी-बिखरी स्मृतियाँ
बटोरो न बटोरो
चलती जाएँगी वे तुम्हारे तलुवों से सटी-लिपटी

तुम्हारी यात्रा में साथ होंगी स्मृतियाँ
तुम्हारी थकावट बाँटती हुई

जहाँ भी करोगी विश्राम बैठकर
वहीं आस-पास

तुम्हारे सपनों की धूप में
मैं भी मिलूँगा

यह कैसे हो
तुम रहो
मैं नहीं

तुम्हारा कहीं भी होना
मेरे साथ होना है
मेरा कहीं भी होना
तुम्हारे साथ होना है

तुम कहीं भी जाओ
कितनी भी बचकर जाओ
चुटकी भर चला ही जाऊँगा तुम्हारे साथ।

मिलना

हम मिलेंगे किसी वसन्त की तिजहरी में
जब मौसम से धीरे-धीरे जा रही होगी ठंड
जब लोग उतार रहे होंगे गरम कपड़े देह से
जब फूल बागों में पूरे शबाब पर होंगे
जब रंग बरसने को होंगे चारों दिशाओं में
हम मिलेंगे एक दूसरे से
मिलने की अनन्त इच्छाओं के पर्वत पर खड़े

तब तक कम हो चुका होगा ताप देह का
कम हो चुकी होगी रोशनी आँखों की
बहुत-सी जिम्मेदारियों से मिल चुका होगा अवकाश
अभी तो हम रुक भी नहीं पा रहे दो पल एक दूसरे के लिए
अभी हम दौड़ रहे हैं अपनी-अपनी छाया के पीछे
लेकिन तब ठहर पाएँगे शायद
इस भागती-दौड़ती बेचैन दुनिया में
कुछ समय अपने लिए सिर्फ अपने लिए

उन बेहद अपने क्षणों में
अलग-सी होगी धड़कन स्पर्श की
तब हम सुन सकेंगे शिकायतें एक दूसरे की पूरी निष्ठा से
हँस भी सकेंगे अपनी मूर्खताओं पर
और आजमा सकेंगे अपना प्रेम दैहिक आवेग से परे

तब हम नहीं देखेंगे शायद मिलते ही
देह की नदी में उठती तरंगें
तब पुतलियों के पार का सघन संसार
न जाएगा अदेखा इन दिनों की तरह

हम मिलेंगे
जरूर मिलेंगे
यह तय है हमारे होने जितना
लेकिन ऐसा हो जाता तो कितना अच्छा होता
जो इस इच्छित प्रस्तावित मिलन से पहले
बहुत पहले
आज बिल्कुल आज
इसी क्षण जब मैं लिख रहा हूँ
हम मिल पाते बिसराकर देह-धुन भौतिक घुन
और कोई जरूरत ही नहीं रह जाती इस लिखने की।

उजास : कुछ कविताएँ

एक

कुछ दूर तक मैदान
मैदानों में घास
घासों पर पानी
फिर टीले दूर तक
पत्थरों पर पानी
धूप चाँदी खिली-खिली
सुन्दर बहुत सुन्दर
बसन्त की रवानी।

दो

कनेर की एक डाली
झुकी दूसरी डाली पर

कड़की बिजुरी बहुत जोर
चली पुरवा टूटा पोर-पोर

एक फूल ने भर लिया,
दूसरे फूल को अँकवारी में।

तीन

तुम्हारी पुतलियाँ
मेरा मन

तुम्हारी उँगलियाँ
मेरे बाल

हम दोनों का होना
बताये चाल-ढाल।

चार

किताब का एक पन्ना
फूल का हल्का-सा रंग
होठों की बिजुरी
आँखों का इन्द्रधनुष
किसी की क्षण भर की छुवन
प्रीति की चुभन

मन की लालसा
जीवन-दर-जीवन।

पाँच

चिट्ठी बातें
याद पुरानी

कितने सपने
कितना पानी
आँखों में जो बच जाए
जीवन-सा रच जाए।

छः

निवेदन
ओरहन

रथ प्रेम का
पहिये दो।

सात

अधर खुल उसके
जगह बनी
हवा जाने भर की

शब्द निकला एक
मन्दिर में घंटियाँ बज उठीं अनेक।

आठ

झरोखे से झाँकता है चाँद
काँपती है ओस भीगी दूब

पल-छिन दो आँखें झाँकती हैं आँगन में

कितनी रात गयी
कितने सपने
मन कुहुके-पीऊ-पीऊ।

नौ

तुम्हें फूल होना था
तुम पत्ती हुई

मुझे रंग होना था
मैं पानी हुआ

पानी-पानी जवानी-ज़िन्दगानी हुई।

दस

लाल चुनरिया
ओढ़ सँवरिया
विचर रही है खेतों में

हरियर-हरियर फसलों में
पीयर-पीयर माटी में।

ग्यारह

कहीं पहाड़
कहीं धूल ही धूल
कहीं फूल
कहीं शूल ही शूल

हिलता है चूल
मन का
तन का
प्रेमी निर्धन का।

बारह

तुम हँसीं और नन्दा देवी की चोटियों पर
खिल उठी धूप
पसर गया उजास पर्वत प्रदेश में
जैसे पसरता है मेरे मन में।

तुम जब चाहो

तुम ठीक जानती हो
लोग सच नहीं कहते
भला दिल्ली कहाँ दूर है

दिल्ली और तुम्हारे शहर में
बस एक रात का फासला है

तुम जब चाहो
हम मिल सकते हैं
एक दूजे को निहार सकते हैं जी भर
टो लेना चाहें अगर
टो लें महज उँगलियाँ नहीं
पूरा का पूरा प्यार
कार्तिक हो उन दिनों तब कार्तिक का घाम
जेठ हो अगर तब जेठ की छाँह
आषाढ़ हो तब दिन का भींगापन

जो भी न हो ठोस
मिलकर महसूस सकते हैं ठोस की तरह
जैसे बाँहों में जीवन
यह जानकर भी
कि महज दो बाँहों में जीवन नहीं होता

जीवन चार आँखों से देखा गया एक सपना
बीस उँगलियों से तराशी हुई एक तस्वीर
चार पैरों से चली हुई दूरी
बिन बोले चार अधरों का कम्पन
बिन कहे एक दूजे के लिए बटोरा ऑक्सीजन है

जीवन एक दूसरे में घुल जाना है
इस तरह घुल जाना
कि असम्भव हो जाए अलगाना
तुम जब चाहो जहाँ चाहो जैसे चाहो
हम मिल सकते हैं खिलखिला सकते हैं
झाँक सकते हैं एक दूसरे की पुतलियों में
यह सोचते हुए कि पुतलियों में झाँकना
मन में झाँकना है
कि भीतर का सच पुतलियों में अटका होता है

तुम जब चाहो हम मिल सकते हैं
और अटकी हुई चीजों को निकालकर
जीवन सँवार सकते हैं।

पहचानना हथेली की तरह

मैं तुम्हें पहचानता हूँ
अपनी हथेली की तरह

तुम्हारे माथे पर
उभर आयी रेखाएँ
मेरे हाथ की लकीरों जैसी दिखती हैं।

तुम्हारा होना

एक

तुम हो यहीं आस-पास
जैसे रहती हो घर में

घर से दूर
यह एक अकेला कमरा
भरा है तुम्हारे होने के एहसास से

होना
सिर्फ देह का होना कहाँ होता है!

दो

तुम कभी नहीं रहती
मुझसे दूर

यह निरभ्र आकाश
गवाह है
मेरी इस बात का

तुम रहती हो
मुझमें
गहरे बहुत गहरे कहीं

मेरी आत्मा के रस में घुली हुई
जीवन रस की तरह

तीन

तुम हो तो
यह जीवन है

तुम्हारे बिना
कल्पना भी नहीं जीवन की

प्रिये!
यह प्रेम बोध नहीं क्षण भर का
यह यात्रा है जीवन की

तुम हो तो बल है चलने का
तुम हो तो मन है
पलकों पर आकाश उठाने का

तुम हो तो
मैं हूँ
तुम हो तो
यह जीवन
        जीवन है।

शिमला में एक सुबह

फरवरी की एक सुबह
शिमला में
इस तरह खिली धूप
जैसे प्रिय ने
चुपके से रख दिया हो अपना हाथ
प्रिया के काँधे पर।

शिमला में एक शाम

फरवरी की इस शाम में
कितना अकेला है रिज़
कितना चुप-चुप है पुरातन चर्च
उसकी पलकों पर ठहरी है बर्फ
जैसे ठहरा हो समय।

मन खिला वसन्त का

तुम आयीं
— सवेरे-सवेरे!

चली हवा
झुका पीपल
सिहरी डाली हरसिंगार की
मन खिला वसन्त का
उड़ी एक मैना
निकल पिंजरे से।

कस्बे में प्रेमिका

स्मृतियों में डूबा एक कस्बा
ऊँघ रहा होगा मेरे इन्तजार में

एक लड़की झाँक रही होगी
जँगले से सूनी सड़क पर
देखती होगी
कभी घड़ी कभी चाँद

सर्द हवा का झोंका
छूकर निकल गया होगा उसके मन को तन को
सुख में भीगी एक सिहरन
चढ़ आई होगी पलकों पर

मौसम में अजीब-सी महक होगी
भीगापन होगा
उसकी आँखों में रात नहीं होगी
जबकि धरती के तमाम लोग सोए होंगे गहरी नींद में

अचानक बक्से से निकालकर वह
पढ़ने लगी होगी मेरी पहली चिट्ठी
चाँद मुस्करा दिया होगा हौले-से

उसने चाँदनी में देखी होगी मेरी तस्वीर
देखकर मुस्कराई होगी
होठों से चूम लिया होगा मेरा माथा
फिर शरमा गई होगी कुछ सोचकर

कुछ पल बाद उसने चिट्ठियों को
तस्वीर को
सहेजा होगा छिपाया होगा
कुछ सोचा होगा
और बराबर की तरह
फिर उसकी आँखों का सावन झूम उठा होगा।

स्त्रियाँ कहीं भी बचा लेती हैं पुरुषों को

चिन्तकों ने कहा है
पेट न हो तो शायद
आदमी स्वाभिमान से जिये

वह पेट ही है
जो मुझे खींच लाया एक ऐसे शहर में
जहाँ दिन बड़े विचित्र थे
रातें बड़ी भयावह
दृश्य अमावस में पहाड़ जैसे थे

उस शहर में कुछ पल बढ़ते थे
मैं भी कुछ दूर आगे तक
फिर लगता था
कहाँ जा रहा हूँ—कहाँ आ गया हूँ
इस तरह कब तक चलेगा
कैसे मिटेगी प्यास थूक घोंटने भर से

समझ में नहीं आता था
कि आदमी के चेहरे बदले हैं
या जीवन की भाषा
या मेरी आँखों में उतर आया है
किसी पोखर का रंग

सचमुच जीने के ढेर सारे उपाय
निरर्थक बेमानी–से लगते थे
हार जाऊँगा हर पल लगता था

पर ऐसे ही पलों में
अक्सर स्मृतियों से झाँकता था एक चेहरा
बहुत उदास पर मुस्कराता हुआ
प्राणवायु की तरह

सोचता था किसी दिन लौटूँगा
सगुन का पान लिये फलों की टोकरी के साथ
जैसे लौटते हैं सपने वसन्त के दिनों में
फागुन के रंगों में
जैसे लौटते हैं पत्ते पतझड़ के बाद टहनियों तक
मैं भी लौटूँगा उस चेहरे तक

इस प्रकार एक अपरिचित शहर में
असमय मृत्यु से बचाती रही
स्मृतियों में बसी एक स्त्री

स्त्रियाँ कहीं भी बचा लेती हैं पुरुषों को।

राह उन्नत मन की

यह क्षण टूटता है
या
तोड़ता है
भीतर कहीं भीरुता की दीवार

मिल रहा है बल
निःसृत होती ऊर्जा
इस क्षण इस क्षण से

देखो यह मौन
नहीं कातरता
नहीं कायरता
यदि है कुछ यह तो
महज प्रेम है
महज राह है उन्नत मन की।

प्रेम करते हुए

प्रेम करते हुए हमने
नहीं पढ़ीं प्रेम कविताएँ

हमनें पढ़ीं एक-दूसरे की पुतलियाँ
हमने उँगलियों ने बिखराई-सँवारी
एक-दूसरे की लटें

एक-दूसरे के चेहरे को हाथों में लेकर
सुबह के सिन्दूरी सूर्य की तरह निहारा

एक-दूसरे के साथ चलते हुए
चाँद को अँजुरी में भर लिया

एक-दूसरे से ठिठोली की
मन भर लड़े
एक-दूसरे के गले में गला डाले खड़े रहे देर तक

हम मिलते रहे
सागर की लहरों जैसे
मचलते रहे एक-दूसरे की बाँहों में
पहचानते रहे एक-दूसरे का होठ
एक-दूसरे का शरीर

एक-दूसरे का सपना

हम घुलते रहे एक-दूसरे में
धीरे-धीरे लगा
हमने रचा है कुछ एक-दूसरे में

प्रेम करते हुए हमने जाना
प्रेम करते हुए लोग
रचते हैं कविताएँ एक-दूसरे में

एक-दूसरे का होना
उनकी कविता का पूरा होना है।

पानी

चलो सुलेखा तुम्हारे साथ चलूँ एक ऐसे गाँव
जहाँ अब भी बचा है उत्सव जीवन का
जहाँ बचा है अभी आँखों में पानी
जहाँ रंग नहीं उतरा है लाज का

चलो उस गाँव चलें
जहाँ जब भी मिलें धधाकर मिलते हैं लोग
जहाँ अब भी त्योहारों पर लगते हैं मेले
मेले में गाते हैं पुरुष नाचते हैं पुरुष
गाती हैं स्त्रियाँ नाचती हैं स्त्रियाँ
सुख की बनी-बनायी परिभाषाओं को बदलते हुए
जहाँ जीवन को मिलता है नया अर्थ
चलो उस गाँव चलें

तुम सोच रही होगी
कैसी बहकी-बहकी बातें कर रहा हूँ मैं
भला कहाँ बचे हैं ऐसे गाँव
कहाँ बचे हैं लोग पानीदार

तुम जरूर सोच रही होगी
कहीं मैं तुम्हें बहला तो नहीं रहा
कहीं इस झूठ के सहारे टुकड़े-टुकड़े में मिले

जीवन के तार तो नहीं मिला रहा
कहीं अँधेरे में डूब रहे मन को ढाढ़स तो नहीं दे रहा
कहीं निर्निमेष ताकती आँखों को कोई सपना तो नहीं दे रहा

मैं जानता हूँ यह सब सोचते हुए
तुम यह भी सोच रही होगी
कहाँ गये वे लोग
क्यों नहीं बचे वे लोग
जिनके लिए जीवन का सार थीं
प्रेम जैसी आदतें

जो भयंकर दुर्भिक्ष में भी बचा लेते थे
मन और आँखों की सतह में
भींगने जितना पानी।

तुम देखना

फिर खिलेंगे फूल गेंदे में एक दिन
फिर लगाऊँगा एक फूल तुम्हारे जूड़े में
एक फूल छूएगा तुम्हारी पलकों को
थोड़ी-सी गन्ध फूल की समाएगी तुममें
तुम्हारे फूल में
फूल का हल्का-सा रंग जरूर आएगा तुम्हारे गालों पर
और तुम्हारे चेहरे की दिपदिप में फूल दिखेगा किसी और लोक का
तुम देखना

एक दिन खिलेंगे फूल मिलेंगे हम
बीच के दिन बीत जाएँगे शीतलहर की तरह
तुम धूप की तरह दमकती आओगी
मैं शीत की तरह घुल जाऊँगा तुममें
कहीं कोई अवरोध नहीं होगा
कहीं कोई भेद नहीं होगा
तुम देखना!

रंग

एक

फागुन की एक बरसाती शाम
उतर रही है आँखों में

फागुन की एक खुमार भरी सुबह
चढ़ रही है पलकों पर

फागुन की तेज हवाओं में
झूम रहा है मन
नवपल्लव की शिराओं में
प्रवाहित हो रहा है जीवन
झाँक रहा है यौवन
पुतलियों से

फागुन में सब खेल रहे हैं होली
गा रहे हैं कबीर
पोत रहे हैं अबीर
फागुन में
उत्सुक हैं दो नयन
होने को चार।

दो

ओ प्रिया!
स्वप्न होती जीवन प्रिया
यह फागुनी दोपहर है असर करती हुई

फागुन की इस दोपहरी में
जवान हो रही है धूप

धूप में नशा है!

रंग भरा है फागुन
रंग भरी है धूप

रंग के अभाव में
बदरंग है जीवन

ओ प्रिया!
ओ रंगत मेरे जीवन की
आ...
पुतलियों की सेज पर
उम्र की धूल जमने से
पहले-पहले आ।

नींद

एक अकेले कमरे में
नींद अकेली दिखती है अक्सर
पर
कितनी चीजें और वहाँ होती हैं
भीतर-बाहर
मन के तन के

देखो तो नींद
वस्त्र है झीना-सा
दिखता है
पार दृश्य भी उसके

देखो तो कैसे मन
नींद में धीरे-धीरे
अर्जित करता है ऊष्मा
धीरे-धीरे हटती हैं सलवटें आत्मा की

धीरे-धीरे नींद करती है मुक्त
प्रेम-सी।

तुम कहाँ हो सुलेखा!

सरोवर की सीढ़ियों पर बैठा एक आदमी
जोह रहा है किसी की बाट
घोंसले की ओर लौटती
चिड़ियों की आँख में चमक रही है साँझ

तुम कहाँ हो सुलेखा

दिन भर का थका-हारा सूर्य घरोंदे की खोज में
भटकते-भटकते चला गया है किसी गुफा में
ढलान से दूर बहुत दूर
बिजली की रोशनी में टिमटिमाता है शहर

तुम कहाँ हो सुलेखा

गाँव के दक्षिण नगाड़े पर
देता है कोई मधुर थाप
गाँव के बीचो-बीच एक आँगन में
नृत्य करती है एक युवती

तुम कहाँ हो सुलेखा

जंगल में आधी रात को

फूटता है एक सोता
शहर की दोपहरी में
खाली हैं बसें

तुम कहाँ हो सुलेखा

जीवन-रण में
दर-ब-दर भटकता है मृगनयन मन

तुम कहाँ हो सुलेखा?

रूमाल की तरह

यह उन्नीस सौ अट्ठानवे की
आठ मई की डायरी है
एक पन्ना फड़फड़ा रहा है
एक सूखे फूल से
अब भी आ रही सुगन्ध

पहाड़ों का रंग दर्ज़ है
इस डायरी में
जंगल की हरियाली
झाँक रही है
शब्दों के बीच छूटी जगह से
बिल्कुल ऊपर लिखा है
"कालिदास का मेघ
जरूर गया होगा धारचूला होकर"

कुछ शब्द लिपे-लिपे से हैं
थोड़ी-सी नमी है
अब भी पृष्ठ पर
थोड़ा-सा विश्वास है शब्दों में

पीछे कई बरस बीत गये
आज जब मैं गुजर रहा हूँ इस डायरी से

तब बीत रही है साँझ
दो हजार पाँच के तेरह अप्रैल की
इस बीच दुनिया बदल गयी है बहुत
जैसे बहुत कुछ बदल गया है
मेरे भीतर मेरे बाहर

अब मुझे मालूम है
कैसे बदल जाती है मंडी की रौनक
सब्जियों का स्वाद
कैसे बदल जाता है उनके दाम से
अब मैं थोड़ा-बहुत बता सकता हूँ
कि एक हवाई चप्पल को पहना जा सकता है
कितने दिन
कितने दिन अँटकाई जा सकती है
एक बनियान देह पर

इस बीच
कपड़ों के रंग बदलने के मेयार बदल गये हैं
रिश्तों के बीच आ गया है पैसा
जैसे खाने में दाँतों के नीचे कोई कंकड़

वैसे मेरा सन्देश मेरे मेघ ने
ठीक समय पर पहुँचाया था
मेरे हिस्से कभी कोई शाप न रहा
पर यह समय शापित है
इन दिनों
बाज़ार के इतने चेहरे दिखते हैं एक साथ
कि मिथकों से साँस ले रहे सारे मायावी चरित्र
मिलकर भी नहीं बना सकते उतने चेहरे
वह बेधड़क समा जाता है

हमारे अन्तरंग क्षणों में
वह पलक झपकते जान लेता है
हमारी हँसी का रहस्य
उसके पास हिसाब है
हमारी पुतलियों के हिलने-डुलने का
वह हमारी जीभ और आत्मा को
रखना चाहता है अपने क़ब्ज़े में

देखिए, गौर से देखिए
ठीक इसी समय
जब मैं पढ़ रहा हूँ
अपनी डायरी का यह पन्ना
उसके मुँह से चू रही है लार
वह बढ़ रहा है
हमारी इच्छाओं की डोर थामे
अब वह लपकना चाहेगा हमारी आत्माओं को
जिनका इस्तेमाल करना चाहता है वह
रूमाल की तरह।

मन–नयन

मई की एक भीगी–भीगी सुबह में
पहाड़ों की ओर से
आ रही है शीतल मन्द बयार

कभी छू जाती है पलकों को
कभी सहला जाती है बालों को

ऐसे में सिहरता है मन–नयन
स्मृति से झाँकता है कोई
याद आती हैं बिसरी बातें।

तुम दिखीं

तुम दिखीं अचानक सड़क के किनारे
लैम्पपोस्ट की धुँधली रोशनी में

मन ठिठक गया पलभर

पलभर में ही लौट आये
बीते बरस कितने

सुख को देखा नहीं
जाना था मैंने
दुख को पहचान लिया

दीवाली की इस जगमगाती निशा में
तुम दिखीं भी
तो लैम्पपोस्ट की धुँधली रोशनी में

फिर भी दिख ही गया
मुस्कान का उजलापन
आँख का टिमटिमाना

तुम दिखीं और जल गया दीया
सूने मन-आँगन में

तुमने भी आज जलाया ही होगा चिराग
प्रिय की बाट जोहने से पहले-पहले

आयी हो तुम ऐसे

आयी हो तुम जीवन में ऐसे
आती है बरखा
जेठ-वैशाख की तेज धूप में जैसे।

तुम्हारी चुप्पी में

चुप रहो
बस चुप रहो
यह रात की धुन है
इसे यों ही बजने दो

आहिस्ता चलो
इस बेला में
समय को मौन का उपहार दो

रात के इस राग में
झींगुर विसर्जित कर रहा है
अपना राग

यह विलाप नहीं
फिर भी
कुएँ की उदासी
आँकी जा सकती है इस आवाज में

यह रात की धुन है
इसे यों ही बजने दो
और ताक सको जितनी दूर
ताको चाँदनी में

छू सको तो छू लो उसे
त्वचा की तरह
पर चुप रहो

तुम्हारी इस चुप्पी में
दूसरे के अस्तित्व का सम्मान है।

धीरे-धीरे

घड़ी बन्द हुई जब कमरे की
कोई अन्तर नहीं आया देखने की आदत में
जब भी जानना हुआ समय
निगाहें बार-बार गयीं उस ओर
जैसे वहाँ इन्तजार हो कोई
बिल्कुल वैसे ही जैसे
उसके बहुत दूर निकल जाने के बाद भी
उसके घर की राहें मेरे कदम अगोरती-सी जान पड़ती थीं

धीरे-धीरे बदल जाती हैं आदतें
जीवन का सच घुल जाता है उनमें
बहुत कम लोग होते हैं जो घोल लेते हैं
अपने रक्त में
किसी काम के न रह गये छूटे वक्त को भी

माना कि इस दुनिया में बस उन्हीं का जैकारा है
जो दौड़ रहे हैं बहुत तेज बहुत तेज
जो जीत रहे हैं हर बाजी
जिनकी आदत बन गयी है जीतना
पर यह भी तो सच है
कोई जीतता है तो हारता है कोई
और जो हारता है वह भी होता है उतना ही मनुष्य

और जरूरी नहीं कि हर काल में
माना जाए उसकी हार को हार

जीतने के प्रतिमान बदल भी सकते हैं कभी
कभी बदल सकते हैं चलने के भी मेयार
इसलिए किसी सच को मान लेना स्थायी सच
समय की नदी में नहाने से बचने का मार्ग तलाशना है।

लोग न हों तो

खाली घर और खाली स्टेशन उम्मीद में रहते हैं

लोग आते हैं
खिलखिला उठता है घर
लोग जाते हैं
और प्रेमी की आँख जैसे
उदास हो जाता है स्टेशन

लोग न हों तो
बेमानी हो जाते हैं
घर और स्टेशन।

लौटते हुए

आज की रात
वैशाली एक्सप्रेस में बैठकर
लौटता हूँ तुम्हारे दिनों अपनी रातों की ओर

तुम कहाँ होगी इन दिनों
किस हाल में
नहीं जानता

पर याद हैं कुछ बातें
कुछ सपने

सपने कहाँ मरते हैं!
बैठ जाते हैं दम भरने के लिए
समयगृह के किसी कोने में

वैसे इस समय वैशाली एक्सप्रेस
सरपट भाग रही है
तुम्हारे पुराने शहर की ओर

धीरे-धीरे रात गुजर चुकी है
घड़ी में पाँच बजकर पचपन मिनट तीस सेकेंड हुए हैं

सूर्य अलसाया हुआ
सरयू नहाने गया है

सोचता हूँ बराबर की तरह इस समय
तुम्हारी आँखों में सुबह
और अधरों पर धूप हुई होगी।

उम्र

हर सम्बन्ध की एक उम्र होती है
हर उदासी की भी!

कोई उदासी बड़ी नहीं होती
जीने की ललक से
और कुछ उदासियाँ तो होती हैं उदात्त
जो बढ़ा देती हैं जीने की लालसा
सम्बन्धों की तीव्रता।

उसका होना

एक

शहर में चू रही है
रोशनी
भटक रहा हूँ मैं आवारा
बस्ती-बस्ती

वह रोशनी की तरह मुझमें समाती है
मन के घने अँधेरे में
न जाने किस कोने में खड़ी हो
मुस्कराती है

जब तक देखूँ आस-पास
मेरा समूचा वजूद
उसकी मुस्कान में घुल जाता है।

दो

वह सुख है मेरा
वह नहीं
तो वीराना बाजार हूँ मैं

हम घुले हैं एक-दूसरे में इस तरह
जैसे दाल में घुलता है नमक

मेरे लिए
उसका होना
मेरा सुख है
उसका प्यार
जीवद्रव्य।

कुछ दूर तक

नदी के बीचो-बीच
उछलती है एक मछली

मेरा मन मेरे भीतर!

जल-तरंगें फैलती हैं
चारों ओर

मैं कुछ दूर
भावनाओं के साथ!

किनारे

मध्य जनवरी की धूप में
लड़कियाँ चूम रही हैं अपने-अपने प्रेमी का चेहरा
एक किले के खँडहर के अलग-अलग कोनों में विहँसती

ठंड पिघल रही है मोम की तरह
चेहरे उजास से भरे हैं
देह की नदी में बह रही है मन की नाव
कोई सुधि नहीं है किनारे की
उन्हें डर है
किनारे रोक देते हैं बहाव को।

बिल्कुल तुम्हारी तरह

यहाँ दूर पहाड़ों पर मैं अकेला
वहाँ घर में बेटियों बीच तुम

इस समय एक ऊँची चोटी पर खड़ा
मैं नीरव नयनों से निहार रहा हूँ छँटते बादलों को
धीरे-धीरे धूप चढ़ रही है घरों पर
मुझे याद आ रहा है तुम्हारा चेहरा

ठीक इन्हीं क्षणों में
न जाने क्या कर रही होगी तुम!

शायद नहलाकर बेटियों को
सँवार रही होगी उनके बाल
निरख रही होगी उनके चेहरे
लोग कहते हैं
बड़ी की आँखें हैं मेरी तरह
छोटी की तुम्हारी तरह

इधर कई दिनों से अकेले
तुम सँभाल रही होगी घर-बाहर
मैं तो थक जाता हूँ अक्सर
ठीक से नहीं कर पाता अपने हिस्से का भी काम

और तुम हो
जो सबकुछ कर लेती हो हँसती हुई चुपचाप

लेकिन अबकी जब मैं घर आऊँ
एक बात बताना मुझको
आखिर किस ताख पर रख दिया तुमने अपना गुस्सा
तुम्हारी वह जीभ कहाँ गुम हो गयी
जो बता सकती है अपने स्वाद और अपनी इच्छाएँ

मुझे याद है
जबसे हम साथ-साथ हैं
ऐसा कई बार हुआ है जब
मैं लौटा हूँ अपनी यात्राओं से तब
मेरे कुछ कहने से पहले ही
तुमने लपक कर थाम लिया है मेरा दुख
मैं अच्छी तरह जानता हूँ
तुम पहचानती हो मेरे सुख का रंग उसकी भाषा
पर संग-साथ के इतने वर्षों बाद भी
ठीक यही बात मैं नहीं कह पाऊँगा अपने लिए

मैं जानता हूँ यह अपराध है
पर क्या करूँ
कहाँ से लाऊँ
अपने भीतर एक स्त्री की आत्मा!
वह भी एक ऐसे समय में
जब बच्चियाँ मारी जा रही हैं कोख में ही

फिर भी एक इच्छा है मन में
कि अबकी जब मैं घर आऊँ
तुम अपनी कहो

अपने जैसों की कहो
और मैं सुनूँ उसी तरह
जैसे सुनती हो तुम

वैसे सच-सच बताना
क्या तुम्हें लगता है मैं सबकुछ सुन पाऊँगा
बिल्कुल तुम्हारी तरह?

जो उतरती ही नहीं मन-रसना से

घर से दूर ट्रेन में पीते हुए चाय
साथ होता है अकेलापन
वीतरागी-सा होता है मन
शक्कर चाहे जितनी अधिक हो
मिठास होती है कम
चाय चाहे जितनी अच्छी बनी हो
उसका पकापन लगता है कम

साधो! अब क्या छिपाना आपसे
यह जादू है किसी के होने का
यह मिठास है किसी की उपस्थिति की
जो उतरती ही नहीं मन-रसना से।

तुम्हारे नाम

यह भीगी-सी शाम
तुम्हारे नाम!

पात-पात पर पानी फिसले
आँखों में कुछ आये मचले
इधर-उधर की बातें प्यारी
सुबह-साँझ में कैसी यारी!

वह देखो बेवक्त
निकला है घाम!

पहाड़

एक

ये पहाड़ हैं प्रिये!
देश की देह पर ढाल-से

यहाँ गाती हैं युवतियाँ मौसम के गीत
करते हुए काम

गाती हैं मेरे गाँव के पहाड़ कितने सुन्दर हैं
इन दिनों दृश्य कितना मनोहर है
ऐसे में फौजी पिया घर आ जा
दिल के करार आ जा
जीवन के बहार आ जा।

दो

ये पहाड़ नहीं तुम्हारे हाथ हैं प्रिये!

उठो
छू लो आसमान

देखो, डरो नहीं
संकोच न करो
काँपो भी नहीं!

यह समय तुम्हारा है
सिर्फ तुम्हारा
उठो, लपककर छू लो आकाश

यह धरती भी तुम्हारी है आकाश भी तुम्हारा।

जो तुम न आतीं

एक

एक स्वप्न थीं तुम मेरे लिए

तुम्हें पाने की इच्छा
सबसे सुखद अनुभूति थी मेरे मन की
मेरे जीवन की

तुमने बदल दी मेरे लिए
जीवन की परिभाषा
और परिभाषाओं में खोया हुआ मैं
पा गया जीवन को

सोचता हूँ जो तुम न आतीं
तो किस घाट लगता मैं।

दो

तुम आयीं
और तिल-तिल बुझ रहा मन
खिलखिला उठा किसी अबोध बच्चे-सा

डगमगाते कदम
सँभल गये एकाएक

न जाने किस ओर उड़ गये
दुख के बादल।

तीन

तुम आयीं
और निश्चिन्त हो गया मैं
भर उठा आशाओं से

आकाश बाँहों में समाने लगा

मुझे अपने पर इतना विश्वास
कभी न था जितना
आ गया है तुम्हारे आने से।

चार

मैं कबसे ढूँढ़ रहा था
एक घर

अब मिली हो तुम
लगता है
घर भी मिल जाएगा
तुम्हारी बाँहों में
तुम्हारे प्यार में
तुम्हारी मुस्कान में।

घर की उदासी

आज शाम
घर बहुत उदास है

बेटियाँ चुप-चुप
पत्नी बीमार

हँसी किसी
        अदृश्य ताख पर
        बैठ गयी है जैसे।

सपने में एक लड़की—सोनमछरी

कस्बे में लड़का है
लड़के के सपने में लड़की है—सोनमछरी

लड़की का आना
लड़की का जाना
सिर को झुकाना।
झुका के न उठाना
कभी मुस्कराना कभी लाज से भरभराना

कभी उसकी आँखों में कातिक कभी सावन
कभी बैसाख का आना

बहुत कुछ का लड़के की समझ में न आना
उम्र की ताप में बस देह का पकना
कहीं कुछ टूटना कहीं जुड़ना कोई सपना

उसका कस्बे में होना
गरीबी में जीना
किसी हसीन शाम के लिए तरसना
उसकी फितरत में भरता है कुछ
जैसे जीने की लालसा अपनी तरह से

पर जिन्दगी की अपनी कहानी है

वह लड़का जिसका दिन
शुरू होता है एक नये सपने से
और जिसकी रात
शोक की रजाई में मुँह छिपाकर
लेट जाती है गुमसुम-सी

उस लड़के के सपने में
आती है एक लड़की—सोनमछरी।

गूलर का फूल न हो जाए प्रेम

इक्कीसवीं सदी की दहलीज पर खड़े समाज में
इससे बड़ी त्रासदी न होगी
कि प्रेम एक वर्जित फल बन जाए

क्षण-क्षण मशीनी हो रहे
मन-मस्तिष्क और शरीर का आचरण न रहकर
महज शब्दों का अध्यवसाय हो जाए

इस तरह निर्मूल हो जाए
कि माता-पिता, पत्नी और भाई की आँखों में
दिखाई न पड़ें उसकी जड़ें

और जब-जब हमें
जरूरत हो किसी अलभ्य को लक्षित करने की
तब-तब जीभ और दाँतों के बीच
फँसी सासों के साथ प्रदर्शन में भभकता रहे प्रेम

धीरे-धीरे लोग भूलने लगें
प्रेम जैसी कोई भी बात

फिर किसी समय दुनिया में
गूलर का फूल हो जाए प्रेम।

बीती चीजों के उजाड़ में

यह एक ढलती दोपहर है सितम्बर की
कुछ उदास खिन्न-सा पड़ा है रेलवे स्टेशन
इस कस्बे का

कुछ भी करने में लग रहा है आलस
उजाड़ चीजों के साथ
कहीं खोता जाता है मन
खँडहर भरने लगे हैं खालीपन
पहले का भरापन होने लगा है कम

इस पल
तन में रहकर मन
होता जाता है तन के पार।

फिर भी मन

आज मन फिर उदास है
आज फिर तुम याद आयी हो

घर के पीछे वाले कनेर में
एक फूल चुपचाप खिल उठा है
सहन वाली नीम पर एक गौरैया फुदक रही है
धूप का एक टुकड़ा
घर-मुँडेरे सकुचाया-सा खड़ा है
हवा का कोई झोंका पलकों पर आ टिका है

जो कुछ भी हो सकता है सुन्दर और रूमानी
यहाँ अँटा पड़ा है
जबकि ठीक इसी मौसम में
इन्हीं पलों में
तुम जहाँ भी होगी
सोच रही होगी
सुख की उन परिभाषाओं के बारे में
जो पिता और भाइयों ने तुम्हें समझाई होंगी
अपने प्रेम का वास्ता देकर
भविष्य का व्यूह रच कर

तुम्हें कच्ची उम्र के प्रेम की निस्सारता पर
दार्शनिक ज्ञान दिया गया होगा
बड़े-बूढ़ों ने अपना अनुभव बताया होगा
और तुम अपने प्रिय से दूर
अकेले में बहुत तड़पी होगी

बहुत अधिक होगा ताप दुख का
अकेले सहना आसान नहीं लगता होगा
तुम चाहती होगी
दुनिया के बनाये लोक-लाज को तोड़ना-छोड़ना
पर अगले ही पल बहुत मुश्किल लगता होगा यह
आशाओं की दुनिया में घना कोहरा छा जाता होगा

आँखों में उतर आते होंगे बादल
बहुत याद आते होंगे गुजरे पल
जीवन भर साथ रहने की इच्छा
कुछ नया करने के सपने

सबकुछ लगभग वैसा ही हो रहा होगा
जैसा मेरे साथ हो रहा है
कि मौसम इतना सुन्दर और रूमानी है
फिर भी मन उदास है।

छवि वह पहली-पहली

इस साल यह मौसम की पहली बारिश है
उस साल वह मौसम की पहली बारिश थी
जब पानी की कुछ बूँदें
लट-ओरियान से बह आयी थीं गालों पर

पलकों पर ठहरी थीं दो बूँदें
अधरों पर चिलबिल हँसी
एक बूँद ठोढ़ी पर कँपती-सी
अब ढुलकी कि तब ढुलकी

तब से कितने मौसम बीत गये
कितनी बरखा हुई गयी
कितनी छवियाँ और बनीं
पर छवि वह पहली-पहली
लगता है जैसे अभी-अभी दिखी है।

जैसे हाथ हो दायाँ

अभी-अभी डूबा है सूर्य
उडुपि के खेतों में
अभी-अभी आयी है साँझ
वृक्षों की पुतलियों में

अभी
बिल्कुल अभी
हँसे हैं नारियल के दरख़्त
हमारी ओर देखकर
जैसे लगना चाहते हों गले
जैसे पहचान हो बहुत पुरानी

प्रिये, यह दक्षिण है देश का
सुन्दर मनभावन
जैसे हाथ हो दायाँ अपने तन का।

मौन

प्रिये, चुप हो कबसे
कुछ तो बोलो!

देखो मौन भले होता हो
कभी-कभी अच्छा भी
पर रिश्तों में अनचाहा मौन
कौन कहेगा इसको अच्छा!

प्रेम है सच्चा
दिन है अच्छा
तुम भी सच्ची
मैं भी कुछ-कुछ

और अगर मन में है ही कुछ
तो छोड़ो मौन
करो कुछ रगड़ा-झगड़ा
राह निकल आएगी उसमें से ही

और नहीं तो इतना ही होगा
कुछ तो बोलोगी
मुँह तो खोलोगी
देखो प्राण मेरी
सबकुछ ठीक है लेकिन
रिश्तों में मौन नहीं!

पार करना एक रात को

सिर्फ एक रात है
सिर्फ एक रात
जिसे पार कर पहुँच सकता हूँ
तुम्हारी बाँहों में

रात
एक भारी रात
लम्बी नहीं!

जिस शहर का सपना है उसकी आँखों में

मैं जिसे प्रेम करता हूँ
उसके सपने में आता है एक शहर
जिसे उसने कभी नहीं देखा खुली आँखों से

जब भी बन्द होती हैं उसकी पलकें
वह शहर ज्वार की तरह आता है
और उसकी पुतलियों में अटक जाता है

उस शहर में
न जाने कितने पेड़ हैं शिरीष के

पूरा शहर उसके फूल के रस में डूबा लगता है

मह-मह महकता है
शहर का बदन

उस शहर में कोई किसी का राजा नहीं
कोई किसी की प्रजा नहीं
कोई किसी के अधिकार में नहीं रहता
कोई किसी पर अत्याचार नहीं करता

सब अपने में डूबे हैं
पर सबको शहर की चिन्ता है

एक आदमी कहता है
जो यह शहर नहीं होगा
तो हम भी नहीं होंगे
आखिर आदमी की तरह जीना जो है

एक लड़की बताती है
कि इस शहर में लड़कियाँ
अपनी शर्तों पर जीती हैं

और यह भी
कि यह शहर इस तरह किसी ईश्वर ने नहीं बसाया
यह सब देखकर खुशी से
झूम उठता है उसका मन
आँख खुल जाती है बरबस

वह खुली आँखों से देखती है आस-पास
और सोचती है
उसे भी ऐसे ही शहर में रहना चाहिए।

मृगनयन मन

चीन्हता था जो कभी
पदचाप सुख का
वह मन मेरा ही रहा होगा

पर कहाँ अब हवा की गति
कहाँ पछुआ
कहाँ पुरवा

सुनसान सब मन अम्बर
सुबह-साँझ-दोपहरी
ओढ़े स्वप्न दिगम्बर

तन क्षुधित
मन रुँधित
संवेदना का इतिहास ढलुवाँ

सब जो चीन्हता था मृगनयन मन
अब नहीं है यहाँ कहीं नहीं है।

जा विदा प्रिय धार

जा विदा प्रिय धार आज!

शेष बालूका मन
      निःशब्द

तुम प्रतीक्षित मैं अलक्षित
जीवन का अभिसार गया

कुछ न था
जल धूप का
      स्वीकार था
सब गया
गया सब
इस ओर उस ओर
      बीच में
जा विदा प्रिय धार आज!

फिर आया बसन्त

वह नवम्बर का महीना था
बारिश के दिन बीत चुके थे
ठंड दस्तक दे रही थी धीरे-धीरे
मौसम के सिरहाने

चढ़ती सर्दी के उस मौसम की एक सुबह
जब सूरज की किरणें
छू रही थीं उँगलियाँ पृथ्वी की
चूम रही थीं उसका माथा
सब ओर पसरा था जादू उजाले का
तब मैंने देखा था तुमको
पहली बार

फिर मिले हम
फिर मिलते रहे हम
एक-दूसरे को जानते-समझते रहे हम
और वक्त सरकता रहा धीरे-धीरे

फिर आया
एक अन्तराल
मैं भटकने लगा
यहाँ वहाँ

जहाँ तहाँ
और यों ही भटकते-भटकते
एक दिन पहुँचा
धारचूला की पहाड़ियों में
बैग-बक्सा लटकाये
आँखों में सपना लिये

और उन्हीं दिनों
उम्मीद की एक किरण चमकी

मैं नहा उठा प्रकाश में

एक बुलावा आया
नेह से भीगा हुआ
मैं भागा-भागा आया
प्राण को पंख लगाकर
फिर देखा तुमको वर्षों बाद
मन मेरा हर्षा वर्षों बाद

फिर आयीं तुम
जीवन में
फिर आया बसन्त।

मेरी प्रतीक्षा से लम्बी एक प्रतीक्षा

तेईस दिनों का अकथ दुख लाँघकर
मैं लौट रहा हूँ घर
मेरी साँसों में किसी अज्ञात फल की गन्ध
कानों में उत्साह भरती किलकारियाँ
और आँखों में चेहरे हैं बेटियों के

मेरे कदम भागते हैं हर साँस के साथ
मैं पहुँचता हूँ घर जहाँ
मेरी प्रतीक्षा से लम्बी एक प्रतीक्षा
राह अगोरती मिलती है मुझसे।

मेरा मन

यह सितम्बर की दसवीं तारीख की चढ़ती दोपहर है
जब धूप चमक रही है
किसी मछली की आँख की तरह
और वसन उतारे मैं सुस्ता रहा हूँ पीपल की छाँव में

इस समय पत्तियों से
झर रहीं स्मृतियाँ

वर्षों बीत गये
सुविधाओं में सुख तलाशते आपा-धापी में
वर्षों बीत गये
छूकर नहीं गयी हवा रोम-रोम को
वर्षों बीत गये
न मन सिहरा न तन सिहरा
न खिलीं बाछें तरावट पाकर

वर्षों बीत गये
जाने कहाँ गुम हो गया
मेरा मन मेरे ही तन में।

तो कौन बूझेगा सुख!

सुख आता रहा
अपनी गति से जाता रहा
पर दुख बैठा रहा सहन में
कभी न गया

हमने जब भी की
सुख को बचाने की कोशिश की
कई-कई बार छीना-छपटी भी हुई
और हर बार टूटा कुछ
हर बार कम हुई मन की कोमलता

पर आश्चर्य कि
कोई नहीं तैयार सोचने के लिए
कि जब मन ही न होगा कोमल
तो कौन बूझेगा सुख!

इन दिनों हालचाल

काँप रहा है दिन
और धूप भी पियराई है
न जाने
कौन ऋतु आयी है!

घर की चाय

कल शाम
पी न सका चाय अकेले
कल शाम
पत्नी नहीं थी घर में

पत्नी के बिना
घर की चाय
लगा जैसे
गरम पानी उतारना हो हलक में।

फर्क

निगाहों की अलगनी पर
टँगा है स्मृतियों का वसन
जो आज तक नहीं सूख पाया
पिछले कई वर्षों में

आज भी उतना ही भीगा
उतना ही साफ

कितना फर्क होता है
सूर्यधूप और प्रेमधूप में!

जैसे ताख पर हो कोई दीया

फिर आज पढ़ गया मैं
ये चिट्ठियाँ
वर्षों पुरानी

अब भी ये कोमल
कि जैसे उँगलियाँ तुम्हारी

अब भी ये जैसे ताख पर
हो कोई दीया अनवरत अँधेरा चीरता हुआ

अब भी सपने इतने निराले
इन तहरीरों में
जैसे कल ही तो देखा हो इनको

अब जाकर इनमें
स्वप्न दिनों में
कुछ-कुछ भूला कुछ-कुछ पाया

देखो तो अब कितना ताजादम हूँ
देखो तो चमत्कार अपने स्पर्श का
देखो तो यह जीवन आँच

भरी थी जो शब्दों में तुमने कभी
घुल रही है रुधिर में मेरे
धीरे-धीरे
कि हरकत-सी हो रही है अब
थकती हुईं पुतलियों में।

जितनी हँसी तुम्हारे होठों पर

ये दिन बीत जाएँगे
धीरज धरो

कुछ भी ठहरा नहीं रहता।
न समय न सुख
दुख भी नहीं

फिर कैसी निराशा?

देखो, तुम्हारे पति के पास
एक किसान की विरासत है
उसने अपने पिता की आँखों में
कभी साँझ नहीं देखी
अपनी माँ को कभी हारते नहीं देखा
उन दुर्दिनों में भी नहीं
जब कैंसरग्रस्त पिता मृत्यु से जूझ रहे थे

तुम गौर से देखो अपनी बेटियों को!
इतरे सुन्दर इतने मोहक नहीं सृष्टि में दूसरे फूल

सोचो तो ज़रा
ये महज बेटियाँ नहीं
प्राणशक्तियाँ हैं हमारी

मैंने महसूस किया है
इनकी हँसी को
जो असरदार बना देती है दवाओं को भी

सुनो, निराश मत हो
हौसला रखो
मैं जीत जाऊँगा हर रोग-शोक से
बस हाथ पकड़ी रहो
मुस्कराती रहो
एक दिन पलकों पर सहेजकर लाऊँगा बहारों को
तुम धीरे से उतार लेना उन्हें जीवन में
देखो, थका नहीं हूँ मैं
अभी उम्र भी नहीं थकने की मेरी
तुम पगली जाने क्यों घबराती हो
चलो अच्छा है
इसी बहाने आस-पास मँडराती हो
लेकिन छोड़ो यह सब
हँसो ज़रा जोर से
तुमको मालूम नहीं
सचमुच
तुम कितनी अच्छी लगती हो
जब दिल से हँसती हो

सच मानो
जितनी हँसी तुम्हारे होठों पर
उतनी खुशी हमारे जीवन में।

पाँच पंक्तियों की चिट्ठी

यह एक धूल भरी दोपहर है जून की
एक कागज फड़फड़ा रहा है
पृथ्वी और आकाश के बीच

न जाने
इस कागज पर क्या लिखा होगा!
कोई हिसाब
कोई कविता
या कोई चिट्ठी
किसी आत्मीय के नाम

कोई नहीं कह सकता
कि यह कागज पृथ्वी पर
ठीक उसी दशा में लौटेगा
जिस दशा में उड़ा था
किसी मेज से

यह कहना भी मुश्किल है
कि इस कागज की कोई अहमियत
अब भी बची होगी
किसी के जीवन में

यही नहीं
यह कहना भी मुश्किल है
कि कागजों की कितनी अहमियत बची है
कितने लोगों के जीवन में

वैसे छोड़िए इन बातों को
देखिए उड़ते हुए कागज को
और हो सके तो बताइये
कितने बरस पुराना होगा वह
कितनी अनलिखी स्मृतियाँ दर्ज होंगी उस पर

देखिए हवा का दबाव कम हो रहा है
उस कागज को
धरती खींच रही है अपनी ओर
अभी कुछ पलों में
वह हमारे पास होगा
बिल्कुल दाहिने
आप चाहें तो बाँच सकेंगे उसे
बिना किसी अवरोध के
और शायद बता सकेंगे अपने अनुभव से
लिखने वाले की मन:स्थिति

वैसे रुकिए!
मैं देखता हूँ पहले
कुछ पहचाना-सा लगता है यह

इसे देखकर
एक हूक-सी उठी है अभी कलेजे में
और अब मैं कह सकता हूँ अपने अनुभव से
कि आप चाहे जितने बड़े विशेषज्ञ हों लिखावट के

पाँच पंक्तियों की इस चिट्ठी को देखकर
नहीं बता सकते तीव्रता मेरे धड़कनों की,
नहीं बता सकते
कि उन्नीस सौ चौरानबे में
इस एक चिट्ठी ने
बदल दिया था मेरा जीवन
बचा लिया था मेरी आत्मा को।

दृष्टिकोण

वह डूबा है जिसके सपनों में
उसके सपनों के आस-पास भी नहीं है वह
फिर भी उसका मन
सूरजमुखी का फूल बना
        एकटक ताक रहा है उसी ओर

वह जानता है हिसाब-किताब
यह भी कि
मन के इस गणित में उसे हासिल हो शायद शून्य ही
फिर भी वह नहीं छोड़ना चाहता अपना सपना
नहीं बदलना चाहता दृष्टिकोण।

❑ ❑ ❑

णाणं पयासयं

वीर नि.सं. 2470

ई.सन 1944

भारतीय ज्ञानपीठ